SORGENS

STROFER

- smertens stemme

© 2021 Palle Hyldenbrandt
Forlag: BoD – Books on Demand, Hellerup, Danmark
Tryk: BoD – Books on Demand, Norderstedt, Tyskland
ISBN: 9788743032762

FORORD

Min trilogi til og om Bodil består af bøgerne *MIN Bodil*, *den anden tid* og *Vi var Vi engang.*

Min dejlige kone døde d. 23. oktober 2019, og bøgerne er udgivet d. 7/2 - 2020, 22/5 – 2020 og 26/10 – 2020, altså indenfor 12 måneder efter, at Bodil døde.

Bøgerne er i større eller mindre grad sammensat af strofer, prosa og billeder i en skøn sammenblanding.

Formentlig afspejler de det kaos, jeg følte på det tidspunkt, de hver især er skrevet...

Det er bestemt ikke noget, der er tilstræbt eller planlagt, men det fremstår bare ret klart for mig, når jeg ser tilbage på indholdet i bøgerne.

I tråd hermed er bøgerne hen ad vejen blevet mindre kaotiske således, at det kaotiske indhold i *MIN Bodil* er afløst af en mere stringent form i *den anden tid,* og med *Vi var Vi engang* er der jo egentlig nærmest tale om en "almindelig" bog i sin udformning.

Ideen med denne bog er at trække stroferne ud af de 3 bøger i den rækkefølge, de er skrevet og prøve at give dem eget liv.

Kan stroferne i sig selv bære at stå alene, og kan de overhovedet fuldt ud beskrive den smerte, jeg følte og – ikke mindst – fremstå som den hyldest til Bodil, alle mine bøger har som formål?

Jeg har valgt at sige, at det må briste eller bære, så ingenting er redigeret eller sorteret fra!

Ægtheden bevares på den måde, og det er afgørende for mig, selv om det måske for andre kan virke som en lidt naiv tilgang.

Måske er det kun mig stroferne taler til?

Det ved jeg godt.

Det er også det vigtigste – og samtidig, at de ved deres blotte eksistens er med til at udødeliggøre min Bodil.

Jeg prøver at lave små monumenter for hende med alle mine bøger.

Det er der nok ikke andre end mig,

der helt forstår formålet med.

Men det gør heller ikke noget, så længe jeg føler, at hun forstår det…

tanker

jeg har tænkt

længe

og indgående på

om det er medlidenhed

med mig selv

der gør

at jeg græder så meget.

det er det ikke.

jeg ved nu

at jeg græder

fordi jeg

for første gang i mit liv

føler sorg

jeg græder

på et splitsekund

uden forvarsel

når en tanke om Bodil

eller et billede

af hende passerer.

jeg græder højlydt og hulkende

helt uden kontrol

som aldrig før

alt er drejet rundt.

det muntre liv er slut.

en skrækindjagende smerte

har meldt sin ankomst.

ensomheden

at være ladt alene tilbage

er ny og forfærdende

jeg så dig i nat

dine omrids

og talte med dig

det var dejligt

havde jeg vished for

at du ventede på mig

et sted

så tror jeg ikke

jeg var her meget længere

der var du lige igen!

lænede dig kortvarigt

op ad mig i sofaen

så naturtro at jeg vågnede!

dejligt

men alt for kort

drømmesyn

vi mødtes i nat
i mine drømme et sted
et sted jeg ikke kender

jeg så dig i skyggen
vi smilte til hinanden
dejligt og indforstået

det samme smil
som jeg taler til
på billedet i stuen

jeg elskede dig
jeg elsker dig endnu højere

smertefuldt og ægte

nu vil jeg sove på ny

og drømme om

at møde dig igen

jeg solede mig

i din udadvendthed.

nød at se dig

når du førte dig sikkert frem.

du kunne tale med alle

længe om alting

og ingenting.

solede mig

og hyggede mig.

det var nok for mig

at være hos dig

at betragte dig.

nu

er her så uendelig

tomt

alt er urørt

ingenting er flyttet
ingen ting er rørt
intet skab er åbnet

jeg sover med din dyne
i dit sengetøj
det dufter endnu
svagt
men dejligt

jeg ligger med din pude
tæt ind til mig
og husker
åh
husker

når jeg skriver

om min store kærlighed

tvinger jeg mig ind

i erindringer

så smertefulde

som ingen forstår.

men der

lige der

i den største smerte

ligger den store

og ægte glæde

ved at huske på

at man har elsket

stilheden er larmende

og smerten ulidelig.

Hvordan skal jeg

klare mig uden dig

dit smil

dit væsen

din varme?

Her er koldt

og trist uden dig

du var min verden

min elskede

Bodil

46 år

hvad kan dog udfylde tomheden

i hverdagen

i mit hoved?

ikke udfylde

men fortrænge.

kan børn

børnebørn?

er de et livsgrundlag?

vi lever jo parallelle liv.

jeg skal selv finde et formål

og en vej

ud af sorgen

og tomheden

jeg overvældes af dig

dit tøj

i dine skabe

medicinen

din kam

et ur

smykker.

alt synes at være dit

have tilhørt dig.

jeg møder dig overalt

husker ting

du har sagt.

dit smil ser jeg for mig

du er her endnu!

men jeg græder igen

nej! stop det!

siger jeg højlydt ud i mørket

når tankeflugten igen

tager den drejning

der uafvendeligt

fører til

sorg, gråd og søvnløshed

jeg skriver for at huske.
ordene fastholder billeder
og erindringen om dig.
smerten ved at savne
er ubærlig.
din død er så
ubegribelig uigenkaldelig

det er en rigtig svær tid
lige nu.
derfor er det dejligt
at tænke tilbage
på den venlighed
mange venner viste
da sygdommen tog til.
der var venner
der kom
der var venner
som støtte
og der var venner
der var engang

du er her

jeg kysser din pude
igen og igen og igen
tre gange – HVER aften
inden jeg sover.
et mønster
der ikke må brydes

jeg sover med DIN dyne.
betrækket er skiftet
men det er DIN dyne
den DU sov med
ved siden af mig

jeg sover nu –

endelig tør jeg! -
på DIN plads.
det er dejligt
din faste lange pude
lagt tæt ind til mig
næsten som var det
din krop

jeg kysser dine fotos
alle otte
når tristheden rammer
eller når jeg går
eller kommer hjem
og før jeg går i seng.
mit ritual
jeg ikke vil ændre

jo, du er her endnu
du smukke smukke sjæl
og dine dufte fornemmes.
det gør mig lykkelig
midt i al sorgen

din elskede Molli

Molli sover nu igen

på sin pude ved sengen.

i starten sov hun

på sin mors plads

i sofaen hele natten.

det var tydeligt

at hun stadig fornemmede

duften af sin mor.

efter mange dage

begyndte hun at komme ind

til sin pude ud på natten.

nu ved hun

at hendes mor ikke er her mere

når vi førhen kom fra tur

løb hun glædestrålende ind
for at gense sin mor
som om
hun ikke havde set hende
i mange dage.
det gør hun ikke mere.
nu vil hun ikke hjem
når vi har gået tur.
for hun ved
at hendes mor ikke er der mere

glæden er væk
også hos Molli.
hun var sin mors hund.
nu nøjes hun med mig
nu hendes mor ikke er her mere

lave mad

spise

alene igen.

hvor er snakken

historierne fra dagen

hyggen

intimiteten?

hvor er

smilene

kærtegnene

sulten?

her er alt for stille

alt det

jeg længes efter

var med dig!

det bedre menneske

på din blide
søde facon
rettede du på mig
når jeg
gik for langt
hidsede mig op eller
tordnede mod omverdenen
med alle dens idioter.

jeg lærte eftertanke
besindighed
generøsitet.
mit menneskesyn
tøede du op.

langsomt blev jeg

det bedre menneske

jeg drømte om at være.

hvad større gave

kan man få

fra den man elsker?

jeg er heldig!
jeg elskede
før jeg mistede

andre ser først
hvad de havde
når de mister

for dig

ved du godt

at hver gang

jeg støvsuger

afkalker vaskemaskine

eller vasker gulve

så gør jeg det for DIG?

jeg gør det

for at du

kan være stolt af mig.

jeg vil så gerne

glæde dig

holde niveauet

den dag

jeg er ligeglad

så er du her ikke mere

men

den dag kommer ikke

så længe jeg lever!

øverste skuffe

i skuffen ligger

din hårtot

dit fingeraftryk

din nusseklud

du sov med om natten.

jeg har gemt hår

fra dine børster.

de intime

og fysiske ting

dem gemmer jeg på.

jeg ser ikke til dem

de ligger og venter

de er en reserve

når minderne blegner

den gamle mand

jeg så en frisk fyr på 71.
alderen trykkede ikke.
glad og tilpas
med appetit på alt.
vidunderlig kone
dejlig familie
pragtfuld tilværelse

nu ser jeg
en ældre mand
lidt sammensunken
trist
rastløs og ensom
uden appetit og lyster.

han sidder alene
i sin glædesløse tilværelse
og tæller sine sidste år

den psykiske smerte

der gør ondt i mit hjerte

den kender jeg nu

og forstår.

den kommer især

når tankerne flyver

og afsavnet blandes med sorg

dit navn står på døren

skoddet

i askebægeret

cigaretterne og lighteren

i vindueskarmen.

overtøjet og solbrillerne

i entreen

armbåndsuret

i skålen

smykkerne

på badeværelset

brillerne

på bordet

mobiltelefonen

indretningen og møblerne

og hver en stump nips
og skabene!!
alle de lukkede skabe
med alt det
jeg slet ikke tør se

ALT stammer fra dig
alt emmer af dig
alt er urørt!
du er her overalt
det er så dejligt
men gør ulidelig ondt

16. januar 2020

så lille skat

nu fyldte du 70

her lige

for 5 minutter siden.

jeg græder som pisket

har frygtet

denne dag

denne nat

du ikke selv skulle se

nu 11 uger efter

du uigenkaldeligt forlod mig

er intet forandret.

savn og smerte

fylder de triste og mørke

og endeløse

vinterdage

jeg tilgiver ham aldrig!

jeg prøvede Gud
meget længe.
startede med stille
at bede for mig selv
på tider og steder
hvor kun han
kunne høre mig

jeg gik på knæ
om aftenen
ved vores seng
de mange dage alene
hvor du var indlagt.

bad højlydt og inderligt.

jeg gav ham alle chancer
for at vise sig almægtig.

i min fortvivlelse
bildte jeg mig ind
at bønnerne ind imellem
havde gjort noget
at han havde hørt mig
bedret din tilstand.
hvilket selvbedrag!
det gik gradvist op for mig
at han var ligeglad!
du blev jo ikke mere rask
tværtimod

da jeg sluttelig oplevede
helt tæt på

hvilke lidelser

han lod dig

MIN Bodil gå igennem

de sidste dage på sygehuset

ubarmhjertigt og uden nåde

da vendte jeg ham ryggen

og vil aldrig se mig tilbage!

det er så ufatteligt

og ubeskriveligt trist

at du ikke er hos os mere.

jeg ved

at du vogter over mig

og vores børn

der hvor du er

til evig tid

for sådan er du.

det er så dejligt

at kunne fornemme det.

elsker dig!

vi vil ses igen

MIN Bodil

det er umuligt at forklare

hver gang jeg kommer hjem
tænker jeg på
at det er så
fuldstændig ubegribeligt
at du ikke er der
at du ikke tager imod mig
smilende
og med udstrakte arme
som du plejer.
jeg **ved** jo du ikke er der
men jeg forstår det stadig ikke
og jeg forstår ikke
at jeg ikke kan indse
at det er sådan det er
og nu vil være

altid

jeg kan bare græde

igen og igen

i afsavn og fortvivlelse over

at det fortsat kan gøre så ondt

at savne dig

jeg søger atter trøst

i de billeder

jeg har hængt op.

alle 8 kysser jeg

og taler til

og falder lidt til ro.

fordi jeg stadig har

den dejlige følelse af

at jeg kommer hjem til dig

at du stadig er her

den blå bluse

nogle fotos sendt på mail

billeder af dig

jeg ikke kendte

får igen min verden til at vælte.

jeg troede

at jeg var blevet lidt robust

men jeg græder som pisket

billedet af dig i din blå bluse

indrammer din blide side

du er så smuk

og udstråler en følsomhed

og sårbarhed

som ikke mange andre end jeg kendte

det er min skønne kæreste jeg ser

de brune øjne

det røde hår

i guder du er dejlig

hende jeg forelskede mig i

og stadig elsker

og savner

til vanvid

så det gør ondt

du er min store kærlighed

den glæde du skabte

omkring dig

den savner jeg nu.

dit smittende humør

dit dejlige smil

de gnistrende brune øjne

din mørke sensuelle stemme

den fynske dialekt.

du er det største

og bedste

der nogensinde

er sket for mig

bogen er til dig

min søde skat

så verden

for evigt

kan vide

hvor dejlig du var.

vi glemte aldrig

at være forelskede

og jeg er det endnu

du er min store kærlighed

MIN Bodil

hver eneste gang

jeg kysser dit billede

og siger godnat

så tænker jeg

hvor ubegribeligt det er

at jeg aldrig skal se dig mere.

det er så uforståeligt

at jeg skal være her

alene

ladt tilbage

at vi ikke mere

kan være sammen.

jeg har for meget tid

alene

med mine tanker.

for mange

uendeligt triste tanker

om dine sidste dage.

tanker der gør

så ufattelig ondt.

en ubegribelig magtesløshed

rammer mig

og efterlader mig

grædende, sørgmodig

og handlingslammet.

jeg prøver af al magt

at undgå dette tankemylder.

ikke fordi jeg ikke

vil tænke på dig

men fordi de tanker

fastholder mig

i erindringen

om de værste dage

i mit lange liv

MIN blomst

Du er som kornblomsten

jeg holder så meget af

Helt enkel og ligetil

med hovedet kækt på sned

Så naturlig

og dog så kompliceret

og sammensat

Med den sarte blå farve

og de mange blomster

i én og samme blomst

Ni små i en rundkreds

har jeg talt

Så smuk

i farve, form og væsen

og så uendelig let

at holde af

Men dog så forgængelig

som alt det bedste

i livet

Som dig

min elskede skat

mine dage

Der er rigtig fine dage

og der er gode dage

Der er dårlige dage

og rigtig triste dage

Men ingen normale dage

ingen dage der er som før

De kommer ikke tilbage

De kommer aldrig igen

Vores rum

Jeg lukker ingen døre bag mig
Alle døre jeg går igennem
efterlader jeg på klem

Antallet af rum jeg har passeret
er uendeligt
Alle rum er forskellige i styrke
i farve og intensitet
i indhold og smerte

Alle rum er minder
om dig og dit liv
med mig

de rummer endnu ingen glæde

over alle de år

vi var sammen

Jeg mærker kun sorgen

over at have mistet dig

min store kærlighed

Mit lys er slukket

Jeg har set mit livs lys

blive slukket

Jeg har skrevet om hende

mit lys

mit livs store kærlighed

Jeg har slidt min sjæl

brugt alt mit krudt

til jeg følte

jeg mistede min forstand

Hvad er der så for mig nu?

Skal jeg dø nu?

Jeg er så inderlig træt

så tanken er hverken fjern

eller skræmmende

Kommer der en ny tilværelse?

og hvordan vil det ske?

Vil den komme af sig selv

eller skal man opsøge den

og hvordan?

Eller skal man kæmpe for at få den

og hvordan?

Jeg starter jo fra nul

Bagud på point

Jeg er jo ikke den udadvendte

opsøgende og talende

med den naturlige sødme

og imødekommenhed

Jeg er den kølige

tilbagetrukne

med overblikket

der lige nu ikke har overblik

over noget som helst

Det er op ad bakke

umuligt at overskue

eller håndtere

Jeg søger efter et ståsted

at finde et fodfæste

Tumler forvirret rundt

i mit mørkeland

Der er ingen hjælp at hente

for slet ingen fatter jo

hvordan jeg har det…

Jeg gav mig selv det løfte, at du aldrig ville blive glemt, og at alle skulle vide, hvor dejlig du var.

Jeg er kommet længere med opfyldelsen af de løfter, end jeg selv troede, jeg nogensinde ville være i stand til.

Det er jeg rigtig stolt over, selv om du synes, de løfter er noget pjat…